正向教育
故事系列

河馬胖胖，
請說誠實話

蘇·格雷夫斯 著　　　特雷弗·鄧頓 圖

U0111222

新雅文化事業有限公司
www.sunya.com.hk

正向教育故事系列

　　《正向教育故事系列》全套10冊，**旨在培養孩子正向的性格強項，發揮個人潛能，活出更精彩豐盛的人生。**

　　在《正向教育故事系列》裏，動物們遭遇到一些孩子普遍會遇到的困境，幸好他們最後都能發揮相關的性格強項，完滿地解決事情，還得到意外驚喜。

　　小朋友，準備好了嗎？現在，就讓我們進入正能量世界，一起跟着

 鱷魚卡卡學**毅力**　　　　 大象波波學**仁慈**

 豹子達達學**團隊精神**　　 長頸鹿高高學**公平**

 河馬胖胖學**正直**　　　　 獅子安安學**希望**

 猴子奇奇學**審慎**　　　　 烏龜娜娜學**勇敢**

 老虎哈哈學**自我規範**　　 犀牛魯魯學**社交智慧**

　　每冊書末還設有**親子/師生共讀建議**，幫助爸媽和孩子說故事呢！

 升級功能

　　本系列屬「新雅點讀樂園」產品之一，若配備新雅點讀筆，爸媽和孩子可以使用全書的點讀和錄音功能，聆聽粵語朗讀故事、粵語講故事和普通話朗讀故事，亦能點選圖中的角色，聆聽對白，生動地演繹出每個故事，讓孩子隨着聲音，進入豐富多彩的故事世界，而且更可錄下爸媽和孩子的聲音來說故事，增添親子閱讀的趣味！

　　「新雅點讀樂園」產品包括語文學習類、親子故事和知識類等圖書，種類豐富，旨在透過聲音和互動功能帶動孩子學習，提升他們的學習動機與趣味！

　　家長如欲另購新雅點讀筆，或想了解更多新雅的點讀產品，請瀏覽新雅網頁 (www.sunya.com.hk)或掃描右邊的QR code進入 新雅・點讀樂園 。

如何使用**新雅點讀筆**閱讀故事

❶ 下載本故事的聲音檔案

1. 瀏覽新雅網頁(www.sunya.com.hk) 或掃描右邊的QR code 進入 🖊 新雅・點讀樂園。

2. 點選 **下載點讀筆檔案 ▶**。

3. 依照下載區的步驟說明，點選及下載《正向教育故事系列》的聲音檔案至電腦，並複製至新雅點讀筆的「BOOKS」資料夾內。

❷ 點讀故事和選擇語言

啟動點讀筆後，請點選封面，然後點選書本上的故事文字或說話的人物，點讀筆便會播放相應的內容。如想切換播放的語言，請點選每頁左上角的 粵 ⭐ 普 圖示，當再次點選內頁時，點讀筆便會使用所選的語言播放點選的內容。

語言圖示說明

粵 粵語 朗讀故事

⭐ 粵語 講故事

普 普通話 朗讀故事

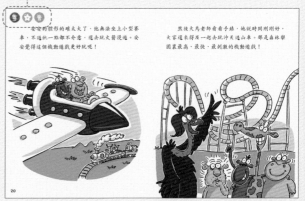

❸ 播放整個故事

如想播放整個故事請點選下面的圖示：

選擇語言

粵語
朗讀故事

粵語
講故事

普通話
朗讀故事

播放整個故事

播放

暫停

停止

❹ 製作獨一無二的點讀故事書

爸媽和孩子可以各自點選以下圖示，錄下自己的聲音來說故事！

❶ 先點選圖示上 爸媽錄音 或 孩子錄音 的位置，再點 OK，便可錄音。

❷ 完成錄音後，請再次點選 OK，停止錄音。

❸ 最後點選 ▶ 的位置，便可播放錄音了！

❹ 如想再次錄音，請重複以上步驟。注意每次只保留最後一次的錄音。

爸媽請使用
這個圖示錄音

孩子請使用
這個圖示錄音

那天是星期二，河馬胖胖度過了糟糕的一天。他晚了起牀。

他錯過了早餐。

他上學也遲到了，
被大鳥老師責備。

然後大鳥老師讓他做很多加數題，可是胖胖的肚子太餓了，根本集中不到精神做題目。

胖胖看了看時鐘，差不多是午飯時間了。鱷魚太太總是在星期二烤巧克力蛋糕做午餐的甜點，她喜歡在蛋糕上放上很多巧克力糖霜。

咕咕咕

8

胖胖想着巧克力蛋糕和巧克力糖霜，他的肚子不禁隆隆作響。同學們都聽到了，一起咯咯地笑。大鳥老師請大家繼續做練習。

星期二餐單
湯飯
+
巧克力蛋糕

　　可是，胖胖越是想着巧克力蛋糕，他的肚子就叫得越響亮。然後他開始打嗝，並且打得非常響亮！

　　同學們都笑了。大鳥老師說胖胖打擾到其他學生，她請胖胖到飯堂去喝杯水。

　　胖胖走到飯堂去。那個大大的巧克力蛋糕就在桌子上。胖胖走近一點去看，蛋糕看起來很美味，聞起來也很香。他決定嚐一小口，於是拿起小匙取了一點點蛋糕。吃起來可美味了！

　　胖胖盯着蛋糕。現在蛋糕其中一邊有個小洞。他嘗試抹平糖霜蓋着那小洞，可是看起來比之前更糟。然後他從蛋糕另一邊拿了少許蓋住小洞，這樣一來就更難看了。

胖胖很擔心，他想讓蛋糕好看一點。他又拿了多一點蛋糕來吃，味道好得不得了。但他拿得越多，蛋糕看來就越糟糕。很快，蛋糕被胖胖吃光了。

　　胖胖回到課室，大鳥老師說他離開了很久，他必須趕緊做他的加數題。

　　但是胖胖還是沒法完成那些題目，因為他的
肚子太脹了，他感到很不舒服，而且他為吃光了
蛋糕而感到糟糕。

就在這時，午飯的鈴聲響起來了，所有同學排好隊前往飯堂。但是鱷魚太太有一個壞消息，她說巧克力蛋糕沒有了，因為蛋糕消失了！她說蛋糕一定是被小貓哈蒂吃掉了，她說哈蒂是隻頑皮的貓。在旁的胖胖什麼也沒說。

每個同學都吃了自己那份午餐，但胖胖並不餓，他根本不餓。鱷魚太太卻很擔心。

胖胖總是常常肚子餓，而且他總會吃光他的午餐。鱷魚太太以為胖胖一定是生病了，她把胖胖送到大鳥老師那裏去。

　　胖胖告訴大鳥老師巧克力蛋糕的事。他說蛋糕是給他吃了，不是小貓哈蒂。大鳥老師說他不應該吃掉蛋糕，但他肯承認過錯非常勇敢。她說胖胖應該好好想想如何把這件事處理好。

　　胖胖好好想了一想。他告訴大鳥老師他應該
為吃光蛋糕的事向大家道歉。他說他有一個處理
這件事的好主意。他把他的好主意悄悄告訴大鳥
老師，大鳥老師也說這主意非常好。

河馬向所有同學道歉。

他向鱷魚太太道歉。

他也向小貓哈蒂道歉。

24

然後胖胖問鱷魚太太是否可以幫助他為同學們烤一個巧克力蛋糕。鱷魚太太欣然答應，並給了他很大的幫助。最後，胖胖烤了個很美味的蛋糕，蛋糕上還有很多巧克力糖霜。

很快蛋糕準備好了。同學們都走近去看蛋糕，它看起來很美味，聞起來也很香。大家都吃了一小口，覺得美味極了！胖胖很高興。

胖胖說很高興自己認錯並作出了補救，然後
鱷魚太太問他是否想要一些蛋糕。

胖胖說他不想要，他說再也不想要任何巧克
力蛋糕了。大家都笑了起來。

認識正向心理學的 24 個性格強項

正向心理學之父馬丁・賽里格曼 (Martin Seligman) 與其他學者合作，研究出一套以科學驗證為基礎的正向心理學理論，提出每人都能培育及運用所擁有的性格強項，活出更豐盛的人生。

正向心理學中的性格強項分成 6 大美德 (Virtues)，共 24 個性格強項 (Character Strengths)。只要我們好好運用性格強項和應用所累積的正向經驗，日後無論是在順境或逆境中，我們仍然能從中獲得快樂及寶貴的經驗。

現在，一起來認識 24 個性格強項：

智慧與知識 (Wisdom & Knowledge)
喜愛學習 (Love of Learning)
開明思想 (Judgement)
洞察力 (Perspective)
創造力 (Creativity)
好奇心 (Curiosity)

勇氣 (Courage)
正直 (Honesty)
勇敢 (Bravery)
熱情與幹勁 (Zest)
毅力 (Perseverance)

節制 (Temperance)
謙遜 (Humility)
審慎 (Prudence)
寬恕 (Forgiveness)
自我規範 (Self-regulation)

24 個性格強項

公義 (Justice)
公平 (Fairness)
團隊精神 (Teamwork)
領導才能 (Leadership)

仁愛 (Humanity)
愛 (Love)
仁慈 (Kindness)
社交智慧 (Social Intelligence)

靈性與超越 (Transcendence)
希望 (Hope)
感恩 (Gratitude)
幽默感 (Humour)
靈修性 (Spirituality)
對美麗和卓越的欣賞
(Appreciation of Beauty and Excellence)

故事中主角所發揮的性格強項

有一天，河馬胖胖晚了起牀，他錯過了早餐，肚子在上課時隆隆作響，然後又大聲地打嗝。大鳥老師請他到飯堂喝水，他卻一口接一口地吃光了鱷魚太太為大家預備的巧克力蛋糕。午飯時間到了，鱷魚太太宣布蛋糕給貓咪哈蒂吃掉了……在旁的胖胖卻默不作聲，心裏感到很糟糕！

後來，胖胖向大鳥老師**承認過錯**，並在老師的提醒下，他發揮了**正直**的性格強項。他向同學、鱷魚太太和貓咪哈蒂**説實話**並**道歉**，而且為自己的過錯**負責任**，親手焗了一個巧克力蛋糕給同學們！**正直**讓胖胖解除心裏糟糕的情緒，感覺美妙極了！

親子 / 師生共讀建議

讀完故事後，和孩子談談這本書：

① 與孩子談談故事的情節，鼓勵孩子按時間順序複述故事的情節。

② 請孩子説説他們怎樣看胖胖的行為。胖胖讓貓咪哈蒂無辜被責怪是錯的嗎？胖胖是否該早一點承認自己做錯事？

③ 邀請孩子説出他們曾經做錯事並向他人坦白的經歷。他們在未認錯前有何感想，之後又如何？他們的行為對其他人帶來什麼後果？是否有其他人因此受到指責？他們有何感想，又如何補救？

④ 談談向那些因為自己而受到傷害的人説「對不起」的重要性。提醒孩子這能讓人心情好起來。

⑤ 將孩子分為三至四人一組，邀請他們創作短劇，其中一人扮演做錯事並指責他人的角色，並想想隨之而來的結果。提醒每一組中做錯事的角色應在表演中作出補救行為。

正向教育故事系列（修訂版）

河馬胖胖，請說誠實話

作　　者：蘇·格雷夫斯（Sue Graves）
繪　　圖：特雷弗·鄧頓（Trevor Dunton）
翻　　譯：馬炯炯
責任編輯：黃花窗、趙慧雅
美術設計：蔡學彰
出　　版：新雅文化事業有限公司
　　　　　香港英皇道499號北角工業大廈18樓
　　　　　電話：（852）2138 7998
　　　　　傳真：（852）2597 4003
　　　　　網址：http://www.sunya.com.hk
　　　　　電郵：marketing@sunya.com.hk
發　　行：香港聯合書刊物流有限公司
　　　　　香港荃灣德士古道220-248號荃灣工業中心16樓
　　　　　電話：（852）2150 2100　傳真：（852）2407 3062
　　　　　電郵：info@suplogistics.com.hk
印　　刷：中華商務彩色印刷有限公司
　　　　　香港新界大埔汀麗路36號
版　　次：二〇二〇年九月初版
　　　　　二〇二二年五月第三次印刷